CRECER SIN CARIES

CRECER
SIN CARIES

Amparo Pérez Silva
y Josie Salloum Partidas

Círculo Rojo
EDITORIAL

Primera edición: octubre 2025

Depósito legal: AL 5995-2025

ISBN: 979-13-7023-082-1
Impresión y encuadernación: Editorial Círculo Rojo

Editorial Círculo Rojo
www.editorialcirculorojo.com
info@editorialcirculorojo.com

Impreso en España - Printed in Spain

A mis padres, que me dieron la vida…

A mi esposo Francisco, a mi hijas Lívia y Thaís, a mis nietos Luca, Fiona y Mateo, que me llenan de energía y esperanza.

A todas las mamás que están creando vida. Que este libro pueda ayudarlas a que el futuro bebé crezca y viva sin tener la experiencia de la enfermedad caries.

«¿Que madre no desea esto para su hijo(a)?».

A Josie, por apoyarme y colaborar con este proyecto siempre pensando en los pequeños pacientes.

Abuela odontopediatra

Dedicatoria con el corazón...

A mi querida Daniella, mi hija, que está siguiendo sus sueños en el apasionante camino de la odontología. También, con todo mi amor, a mi madre, mis hermanas y mi sobrina, pilares fundamentales en mi vida y fuente constante de alegría.

A mis queridos pacientes, que me enseñan cada día la importancia de una sonrisa sana y feliz. Y todas las mamás, papás, abuelas y abuelos que se preocupan por el bienestar de sus pequeños y buscan información para construir sonrisas saludables desde la infancia.

Espero de corazón que estas páginas les sean de gran ayuda y que juntos podamos construir sonrisas sanas y felices para los más pequeños. Ha sido un privilegio compartir este proyecto contigo, Amparo.

Con todo mi cariño,

Josie Salloum

Índice

Prólogo

En el fascinante viaje de la maternidad y la paternidad, innumerables preguntas y preocupaciones surgen a cada paso. Entre ellas, la salud bucal de nuestros pequeños, a menudo relegada a un segundo plano, merece una atención especial desde el inicio mismo de la vida. Con el cariño y la sabiduría que solo una abuela puede ofrecer.

La experiencia de odontopediatras apasionadas, Amparo Pérez Silva y Josie Salloum Partidas, nos guían a través de las etapas cruciales del desarrollo dental, desde la gestación hasta los primeros años de vida.

Crecer sin caries es mucho más que un libro; es un faro de conocimiento y tranquilidad para padres deseosos de proteger la sonrisa de sus hijos, desmitifica creencias populares y ofrece consejos prácticos y basados en evidencia científica para prevenir la caries desde el vientre materno. Con un lenguaje cercano y accesible, nos explica cómo las decisiones que tomamos durante el embarazo y los primeros años de nuestros hijos impactan directamente en su salud bucodental futura.

Este libro es una invitación a tomar las riendas del cuidado oral de nuestros hijos, a entender la importancia de una alimentación equilibrada, la lactancia materna y la higiene bucal desde la erupción del primer diente. Amparo nos recuerda que la prevención es la clave, y que, con información y constancia, podemos regalar a nuestros hijos una sonrisa sana y radiante para toda la vida.

Prepárense para descubrir los secretos de una boca sana, de la mano de una abuela y odontopediatra y la doctora Josie que han dedicado su vida a sonreír junto a los más pequeños. Crecer sin caries es un tesoro de sabiduría que transformará la forma en que entienden y cuidan la salud bucal de sus hijos.

Embarazo:
El comienzo de una sonrisa sana

Cuando la maravillosa noticia del embarazo llega, un torrente de preguntas inunda nuestra mente. Nuestro cuerpo experimenta cambios notables, a menudo interpretados erróneamente como síntomas de enfermedad, cuando en realidad son procesos fisiológicos desencadenados por las hormonas estrógeno y progesterona.

Estas alteraciones hormonales también se manifiestan en nuestra cavidad oral. Es crucial entender que los problemas bucales que puedan surgir durante el embarazo no están relacionados con el desarrollo del bebé, sino que son consecuencia directa de estos cambios hormonales. Gingivitis, xerostomía (boca seca) y sialorrea (salivación excesiva) son algunas de las molestias que pueden aparecer. Mantener una higiene oral impecable durante el embarazo es fundamental para la salud tanto de la madre como del futuro bebé.

Sin embargo, encontrar un odontólogo dispuesto a atender a una embarazada puede ser un desafío. Mitos y miedos infundados suelen rodear esta situación, generando ansiedad en ambas partes. Como suelo decir, a veces no sé quién tiene más temor, si el dentista de la embarazada o la embarazada del dentista.

¡Imaginen el sufrimiento que puede causar un dolor de muelas durante el embarazo! En esta situación, el bebé sí corre el riesgo de ser afectado. Una madre con dolor dental podría tener dificultades para alimentarse correctamente, y una mala nutrición durante el embarazo es una de las principales causas de problemas en el desarrollo del bebé.

Una dieta equilibrada y rica en calcio, fósforo y otros minerales es esencial durante el embarazo. Estos nutrientes llegan al bebé a través del torrente sanguíneo materno y son cruciales para la formación de sus dientes. Por lo tanto, es muy importante incluir en la dieta leche y derivados, carnes, pollo y pescado, frutas, legumbres y verduras, cereales integrales y pan.

Atención odontológica a la embarazada: Un cuidado necesario

Algunas embarazadas pueden desarrollar gingivitis (inflamación de las encías). Si no se trata adecuadamente, puede evolucionar a periodontitis, una enfermedad que puede causar la pérdida de los tejidos de soporte del diente. Diversos estudios han relacionado las enfermedades periodontales con partos prematuros y bebés de bajo peso. Por lo tanto, cuidar la salud bucal durante el embarazo es una medida preventiva que también beneficia al bebé.

En cuanto a la caries, no existe evidencia científica que la relacione directamente con las alteraciones fisiológicas propias del embarazo. La creencia popular de que hay una pérdida de calcio de la madre al bebé que causa caries es un mito.

Lactancia materna: El primer escudo protector

La leche materna es el alimento ideal para el recién nacido. Algunas madres pueden encontrar dificultades en este proceso y necesitar la ayuda de profesionales especializados en lactancia. Es importante recordar que cada madre y cada bebé son únicos, y un abordaje individualizado es crucial para identificar y solucionar cualquier problema que pueda surgir.

Otras madres, por diversas razones, pueden optar por no amamantar o no poder hacerlo. Esta es una decisión personal que debe ser respetada. Dar el pecho es un acto de amor y paciencia, pero esto no implica que quien no lo haga sea una «mala madre».

Me gustaría destacar la presión social que existe actualmente en torno a la «obligatoriedad» de la lactancia materna exclusiva. Esta presión puede generar ansiedad en la madre, afectándola emocionalmente y, por consiguiente, al bebé. Es fundamental recordar que los bebés son sensibles al estrés materno. Durante la lactancia, las madres deben estar tranquilas y evitar cualquier fuente de frustración, especialmente aquellas que anhelaban amamantar exclusivamente.

El éxito de la lactancia materna radica en la tranquilidad, el descanso y el apoyo familiar de la madre. Estos factores marcan la diferencia en esta nueva experiencia.

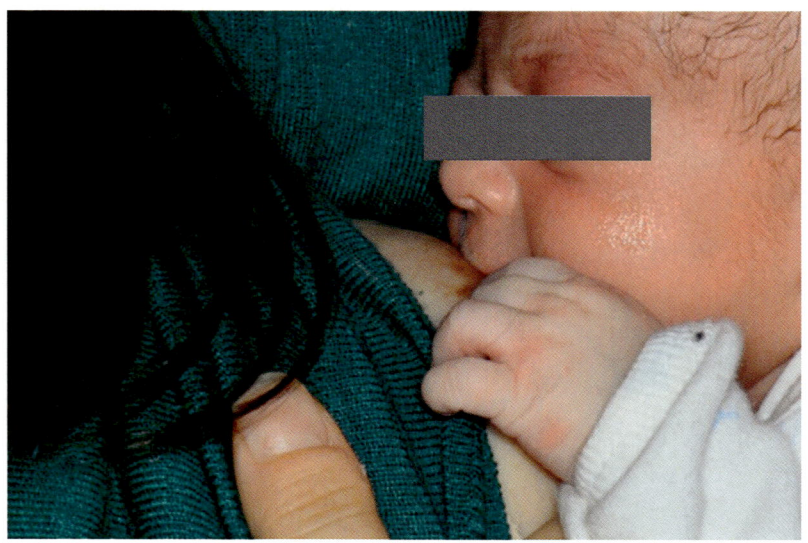

Figura 1. Bebe lactando.

Anquiloglosia:
Cuando la lengua limita la lactancia

Al nacer, los bebés presentan diversos reflejos, entre ellos el reflejo de búsqueda. Al tocar la comisura de sus labios, giran la cabeza, lo que les ayuda a encontrar el pecho para alimentarse. Este reflejo se convierte en un comportamiento aprendido.

Uno de los problemas que pueden interferir en una succión correcta durante la lactancia es la anquiloglosia, una alteración en el frenillo lingual del bebé. Aunque el porcentaje de bebés con dificultades en la lactancia debido a la anquiloglosia no es elevado, un diagnóstico precoz y preciso es fundamental.

Si experimentas dificultades para amamantar o cualquier otra sintomatología, no dudes en buscar ayuda antes de desistir. Habla con tu matrona y con el pediatra de tu hijo/a. Es crucial asegurar que el bebé gane peso adecuadamente, y una intervención temprana puede evitar problemas si la causa es un frenillo lingual con movimientos limitados.

Alteraciones en el frenillo lingual: Diagnóstico y tratamiento

Es importante aclarar que un diagnóstico precoz no implica que todos los síntomas que una madre pueda experimentar durante la succión del bebé, como dolor, grietas o mastitis, estén siempre relacionados con un frenillo lingual corto. Existen otras causas, por lo que el profesional encargado de evaluar el frenillo debe estar capacitado y utilizar un protocolo validado, evitando la subjetividad basada únicamente en un examen visual.

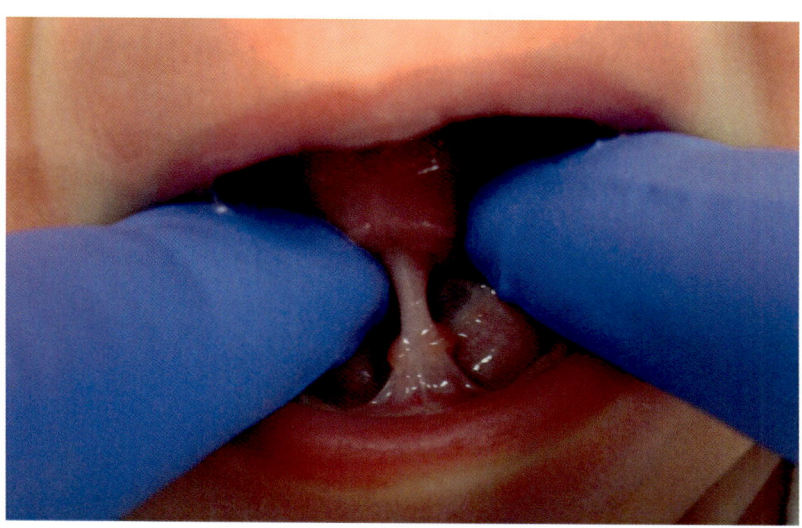

Algunos pediatras o matronas realizan la intervención para liberar el frenillo lingual inmediatamente después del nacimiento en el hospital. El entorno hospitalario es el lugar más seguro para este tipo de cirugía en recién nacidos. Aunque las complicaciones no son comunes, pueden ser graves si ocurren.

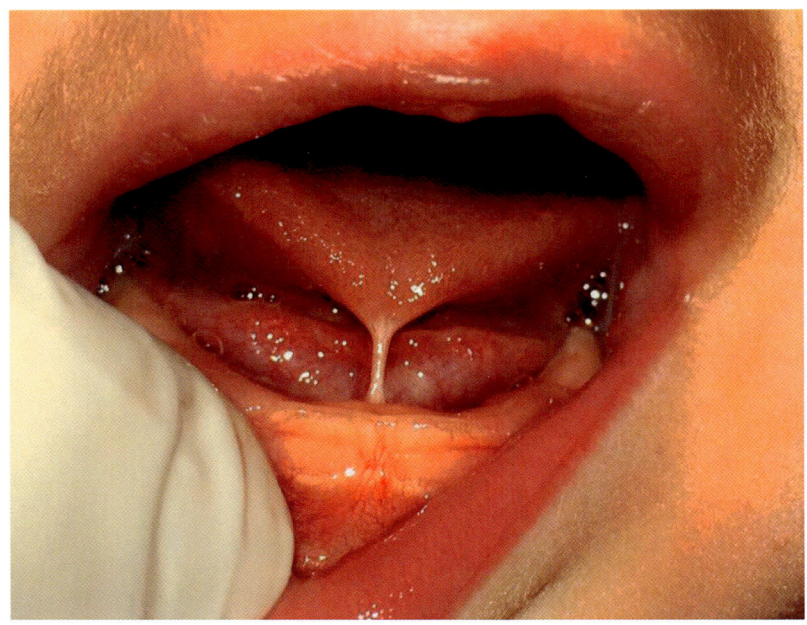

Figura 2. Anquiloglosia en bebés

Importancia a nivel oral de la lactancia materna: Más que alimentación

La lactancia materna se considera la primera ortopedia para el bebé. Es el primer estímulo para el avance de la mandíbula. Al succionar el pezón de la madre por primera vez, el bebé aprende a respirar por la nariz, a deglutir y a masticar adecuadamente. Es un ejercicio fundamental para todos los músculos faciales, crucial para el crecimiento armónico del maxilar y la mandíbula. Un consejo para fomentar la respiración nasal es cerrar suavemente la boca del bebé cuando lo veas respirar por la boca. Siempre utilizo estas tres palabras en mi vida: «Insistir, persistir y conseguir».

La respiración nasal es vital para el desarrollo de tu hijo/a

Si tu bebé no puede beneficiarse de la lactancia materna, evita los biberones con tetinas de agujero demasiado ancho, ya que el bebé necesita ejercitar la musculatura oral. Existen tetinas más anatómicas que permiten este «esfuerzo» al succionar.

En cuanto a la caries, es importante destacar que la lactancia materna no es cariogénica. El proceso de esta enfermedad se explicará posteriormente.

Formación de los dientes: Un proceso intrincado

Los dientes temporales comienzan a formarse en la sexta semana de vida intrauterina. A los seis meses de embarazo, el primer molar permanente inicia su desarrollo. Al nacer, tu bebé ya tiene todos los dientes temporales formados dentro de los maxilares, así como una pequeña parte del primer molar permanente.

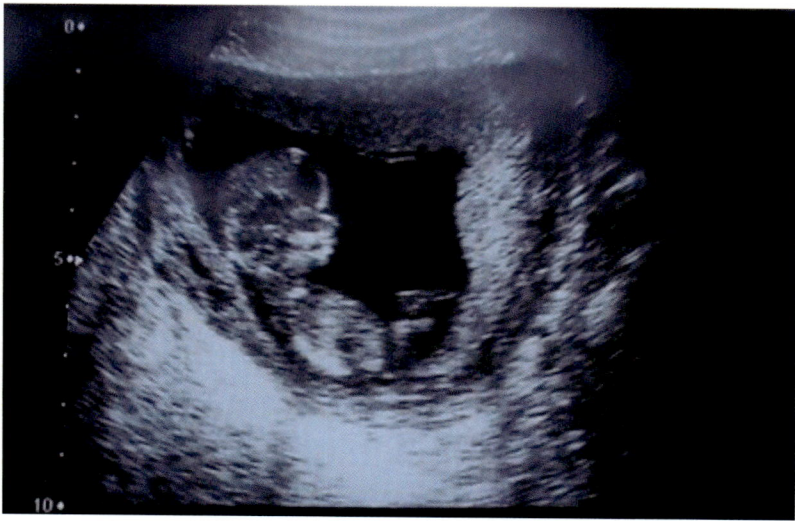

Figura 3. Ecografía sexta semana de vida intrauterina.

Una buena alimentación durante el embarazo contribuye a la correcta formación de estos dientes.

La deficiencia de vitamina D durante el embarazo se ha relacionado con la posibilidad de que los dientes se vean afectados en su desarrollo y nazcan con defectos en el esmalte. Estos defectos son factores de riesgo para lesiones de caries, ya que el diente presenta un esmalte alterado.

Para que no exista preocupación en el proceso de erupción (cuando empiezan a salir) de los dientes temporales (de leche), es importante saber que esta dentición comienza normalmente entre los 6 y 8 meses de vida del bebé. No te alarmes si tu bebé cumple un año y aún no le ha salido ningún diente. Hasta aproximadamente los 16 meses se considera normal. También hay bebés que comienzan a erupcionar sus dientes antes de los 6 meses. Algunas enfermedades sistémicas pueden estar asociadas a un retraso en la erupción dental, pero seguramente el pediatra de tu bebé estará controlando su salud general desde el nacimiento.

Algunos bebés pueden presentar sintomatología durante la erupción de los dientes temporales. Aunque la evidencia científica es débil al respecto, es una realidad que algunos experimentan molestias.

La erupción dental provoca una «inflamación local», y el bebé puede tener febrícula. Sin embargo, las fiebres altas no están relacionadas con la dentición. En caso de fiebre, es importante consultar a un pediatra para descartar otras enfermedades.

Algunos bebés presentan irritabilidad y rechazan ciertos alimentos durante el proceso de erupción dental. También suelen llevarse todo a la boca. Esta alteración alimentaria y este comportamiento pueden ser la causa de que algunos bebés presenten diarrea durante la salida de los dientes. Es importante tener en cuenta que la diarrea no siempre está asociada a la dentición. La consulta con un pediatra ayudará a obtener un diagnóstico definitivo.

Tu bebé también puede nacer con dientes. En este caso, busca un odontopediatra para determinar si se trata de un diente de la cronología normal o de un diente supernumerario.

No en todos los casos de bebés que nacen con dientes está indicada la extracción.

El odontopediatra especializado valorará si existe riesgo de aspiración para evitar la extracción precoz de un diente temporal que puede ser de la cronología normal de la dentición. En caso de un supernumerario, sí se puede considerar la extracción.

Los primeros dientes en aparecer suelen ser los dos incisivos centrales inferiores, seguidos de los dos incisivos centrales superiores. Posteriormente, erupcionan los incisivos laterales superiores e inferiores.

Cuando el bebé completa aproximadamente 16 meses, comienzan a erupcionar los primeros molares temporales, y unos cuatro meses después, los caninos.

La dentición temporal o de leche se completa alrededor de los 3 años de edad, con un total de 20 dientes.

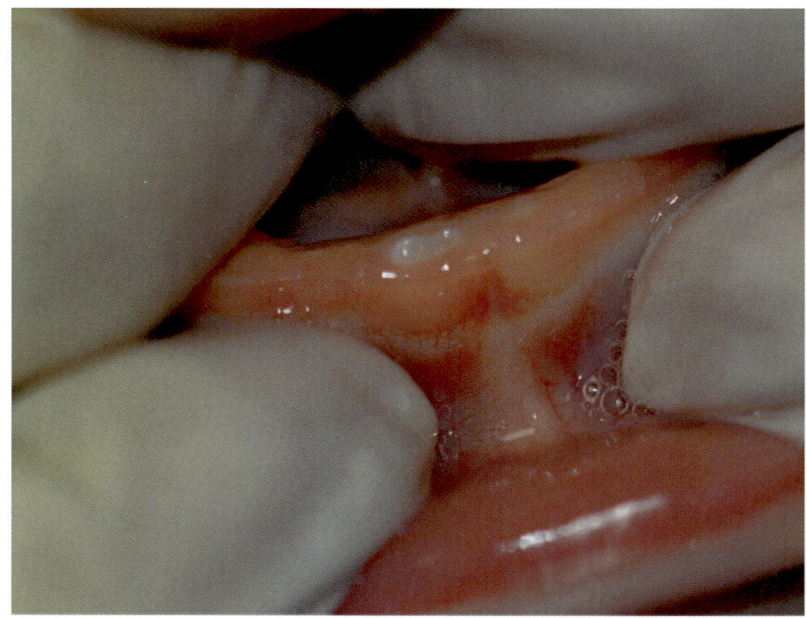

Figura 4. Erupción a los 3 meses de edad.

Enseña a tu hijo a masticar correctamente desde el primer diente: Un aprendizaje fundamental

Los dientes tienen la función principal de masticar. El bebé necesita aprender a masticar alimentos duros y fibrosos para un desarrollo armónico de sus maxilares. Cuando a tu bebé le empiecen a salir los dientes, alrededor de los 6 meses, es el momento de iniciar la alimentación complementaria. Evita triturar los alimentos.

Masticar es un aprendizaje. Los bebés que no aprenden a masticar correctamente pueden tener afectado el crecimiento de sus maxilares. Entiendo que no es una tarea fácil, ya que el miedo al atragantamiento es inevitable. Cada bebé necesita su tiempo para este aprendizaje. La dieta blanda es la enemiga de los dientes. Algunos padres creen que sus hijos mastican cuando en realidad no lo están haciendo correctamente. Muchos niños ponen el alimento en la boca, lo mueven y lo tragan. Puedes utilizar las frutas para esta tarea, ofreciéndolas de un lado de la boca para masticar y luego del otro lado. Estarás enseñándole la masticación bilateral.

Los padres deben observar si sus hijos saben masticar. Con el tiempo, este problema puede causar la retención prolongada de los dientes temporales, afectando la reabsorción fisiológica y el recambio por los dientes permanentes.

Cuando no «educas» a tus hijos desde bebés a masticar alimentos sólidos, tendrás dificultades para que lo acepten cuando crezcan. La tendencia es comer lo que es más fácil de tragar. El mundo moderno de la industria alimenticia proporciona muchas alternativas de alimentación blanda, desafortunadamente.

Como madres y abuela, entiendo que no es fácil estar siempre al lado de nuestros hijos durante las comidas para controlar cómo mastican. Lo que quiero decir es que, siempre que sea posible, observes cómo lo hacen y no ofrezcas una dieta totalmente blanda. En caso de que los dientes de tus hijos no se muevan durante el período de recambio, se pueden usar collares mordedores para estimular la masticación bilateral.

Realizar ejercicios diarios de al menos dos veces al día durante 10 minutos con estos mordedores que puedes comprar en internet puede ser beneficioso.

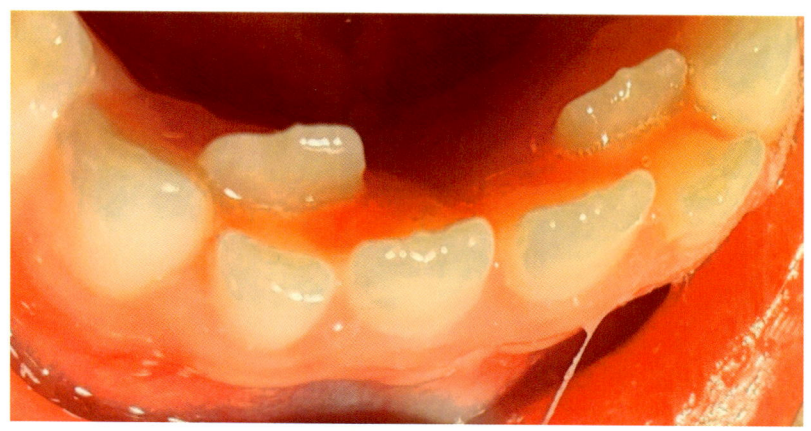

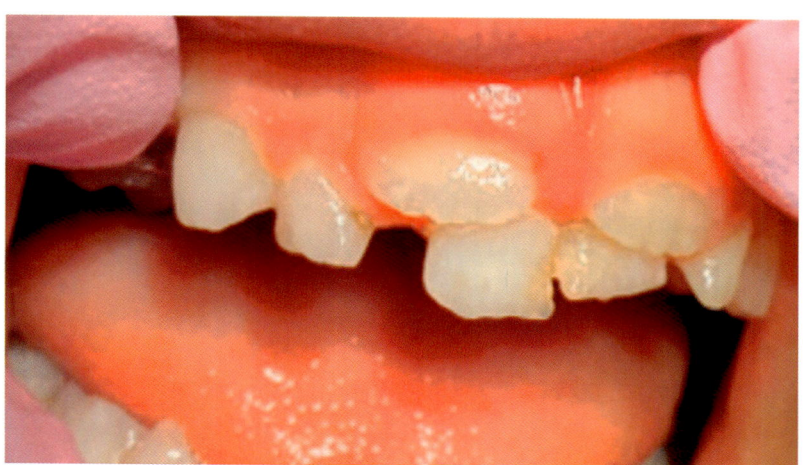

Figura 5. Ausencia de masticación causando erupción ectópica.

El villano es el azúcar: Un enemigo silencioso

¿Qué padre o madre no desea que sus hijos crezcan sin haber experimentado la caries dental en toda su vida?

La caries no se hereda, heredamos hábitos. Los niños comen lo que compramos. Por lo tanto, el único camino para que tu hijo crezca sin caries es no darle azúcares, principalmente durante los dos primeros años de vida, para que su paladar no se vuelva adicto al dulce.

Actualmente sabemos que la caries es una enfermedad azúcar-dependiente. Antes culpábamos a las bacterias, pero hoy sabemos que ellas no son las responsables.

Todos los azúcares son cariogénicos y desmineralizan el esmalte dental. La sacarosa es el más cariogénico de todos. La industria alimenticia actual se diferencia del pasado, ya que añade azúcares a prácticamente todo lo que comemos. Cuida lo que comen tus hijos durante todo el día.

Lee las letras pequeñas de lo que compras para darles de comer. Si tienes que darles cereales cuando son bebés, mira el contenido. Elige los que no tengan azúcares. Sin azúcares no existe caries.

La caries en los dientes temporales avanza muy rápido. El esmalte de los dientes de leche es más fino que el de los dientes permanentes. Los dientes temporales con lesiones de caries deben ser tratados igualmente que los permanentes. Es un error pensar que no hace falta tratarlos porque se van a caer. Los dientes temporales tienen corona, raíz y nervio al igual que un diente permanente. La ausencia de tratamiento, asociada a la progresión de la lesión, puede ocasionar afectación al nervio y provocar dolor. No permitas que tu hijo tenga dolor de dientes. El dolor es terrible y puede ser un trauma para toda su vida.

La primera visita de un bebé a un odontopediatra debería ser preferentemente al mismo tiempo que la primera visita al pediatra. Esta es mi recomendación personal. Las sociedades científicas sugieren que debe ser cuando salga el primer diente o en el primer año de vida del bebé. Con mi experiencia, creo que podemos llegar tarde para algunas patologías, como los defectos de esmalte. Con esta atención precoz, en caso de que ya exista alguna alteración en el diente, se puede actuar evitando su destrucción.

La caries es una enfermedad comportamental. La educación es la mejor prevención. Los padres ya saben que para la salud general de su bebé deben acudir al pediatra a los dos meses. Esta «costumbre» está implantada en la sociedad, y asociar la visita con el odontopediatra facilitará el cumplimiento por parte de los responsables. otro benefício será el trabajo multidisciplinar con la utilizazión de una cartilla odontopediátrica publicada en un artículo científico donde soy una de las autoras.

Por lo tanto, no retrases la visita de tu bebé a un odontopediatra.

Un bebé sin dientes es el momento ideal para recibir educación sobre la prevención de la caries. Si, por cualquier motivo ajeno a tu voluntad, no fue posible esta consulta, no dejes de llevar a tu bebé tan pronto como puedas.

La falta de un trabajo multidisciplinar en la prevención de la caries dificulta el diagnóstico precoz. En todos estos años como odontopediatra exclusiva, he tenido la oportunidad de atender a muchos bebés con lesiones de caries en un estadio avanzado. Muchas madres me comentaban que habían visto «manchitas» en los dientes de sus bebés y que preguntaron a otros profesionales si necesitaban tratamiento, siendo informadas de que no, que era muy temprano y que no debían preocuparse. He visto a algunas llorar, sintiéndose culpables de la situación bucal de sus bebés. Todo esto podría haberse evitado con la educación que tanto insisto y con un trabajo multidisciplinar. Digo esto porque el primer estadio de una lesión de caries es estas «manchitas» que denominamos manchas blancas. Tenemos el concepto de que la lesión de caries solo puede ser negra, pero eso no es cierto. Si notas alguna alteración en el color de los dientes de tu bebé o la pérdida de brillo del esmalte, acude urgentemente a un odontopediatra. Para cada lesión hay un tratamiento adecuado.

No tengas miedo de llevar a tu bebé al odontopediatra pensando que pueda «sufrir en el dentista». Ten en cuenta que los bebés lloran, y este es su lenguaje principal, especialmente cuando los tocamos en la boca. El odontopediatra con una formación amplia sabrá atender a tu bebé correctamente. Sabrá abordarlo con cariño, aunque llore.

El llanto no traumatiza, el dolor sí. Cuando evitamos el tratamiento precoz de estas lesiones iniciales en los dientes temporales, estamos permitiendo su avance. No es

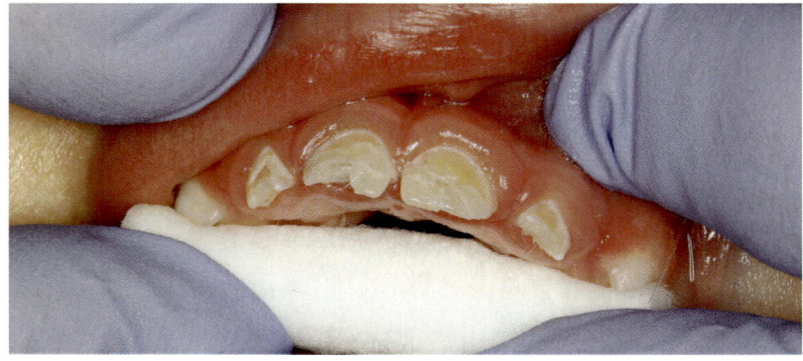

Figura 6. Lesiones de caries en bebé con 18 meses.

Mitos y realidades

Mito	Realidad
«Los dientes de leche no importan porque se van a caer».	Los dientes de leche son fundamentales para masticar correctamente, hablar, guiar la erupción de los dientes permanentes y mantener el espacio necesario para ellos. Su pérdida prematura puede causar problemas de oclusión, espacio y fonación.
«La caries dental se hereda».	La caries dental no se hereda directamente. Lo que se hereda son los hábitos (principalmente alimenticios) que pueden favorecer o prevenir la aparición de caries.

«Durante el embarazo, la madre pierde calcio para formar los dientes del bebé, causando sus propias caries».	No existe evidencia científica que respalde esta afirmación. Las caries durante el embarazo están relacionadas principalmente con cambios hormonales que pueden afectar las encías y con los hábitos de higiene y alimentación de la madre.
«La lactancia materna causa caries».	La lactancia materna por sí sola no es cariogénica. La leche materna contiene factores protectores. La caries está relacionada con la presencia de azúcares fermentables en la dieta, independientemente de la fuente de la leche.
«El flúor es malo para los niños».	El flúor, en las dosis recomendadas en las pastas dentales infantiles (mínimo 1000 ppm), es seguro y eficaz para prevenir la caries dental. Su acción es principalmente tópica. La toxicidad ocurre con la ingestión de grandes cantidades de pasta dental.

«El cepillado no es necesario hasta que salgan todos los dientes».	Una vez que erupciona el primer diente, se debe empezar a cepillar con una cantidad mínima de pasta dental con flúor
«Si un bebé llora en el dentista, es porque está sufriendo».	Los bebés lloran como una forma de comunicación, especialmente cuando se sienten extraños o se les manipula. El llanto en sí no indica necesariamente dolor. Evitar el tratamiento precoz por miedo al llanto puede llevar a que el niño experimente dolor real más adelante.
«La caries solo se ve como manchas negras».	La primera señal de una lesión de caries puede ser una mancha blanca opaca en el esmalte. La lesión puede progresar y volverse marrón o negra con el tiempo, pero no siempre comienza así.

«El tratamiento de caries en dientes de leche no es necesario porque se van a caer».	Como se mencionó anteriormente, los dientes de leche cumplen funciones importantes. La caries en estos dientes puede causar dolor, infecciones, afectar la erupción de los dientes permanentes y generar problemas de espacio. El tratamiento es fundamental para evitar estas complicaciones.
«Aplicar flúor en la clínica o solo cepillar es suficiente para detener la caries».	Una vez que se ha formado una lesión de caries, generalmente se necesita restaurar el diente para detener su progresión. El cepillado con pasta fluorada y las aplicaciones de flúor en clínica son importantes para la prevención y para ayudar a remineralizar lesiones incipientes, pero no siempre son suficientes para detener una caries establecida.

Consejos para los padres: Construyendo sonrisas sanas desde el inicio

Hola a todos los papás, mamás, abuelos y cuidadores que tienen la maravillosa tarea de acompañar a los más pequeños en su crecimiento. Como coautora de este libro y también como especialista que comparte la preocupación por la salud de nuestros niños, me gustaría ofrecerles algunos consejos prácticos y llenos de cariño para cuidar esas pequeñas sonrisas que tanto nos iluminan:

1. Empecemos antes del primer diente: El embarazo es un momento donde la mujer está desarrollando una nueva vida dentro de su cuerpo y sus preocupaciones se centran en su bebé. Madre con boca sana bebé con menos riesgo de padecer de enfermedad caries. Y recuerda, ¡tu bienestar también influye en el de tu bebé!

2. El poder de la lactancia materna (o una alternativa consciente): Si tienes la oportunidad, la lactancia materna es un regalo maravilloso. Para eso necesitas una red de apoyo familiar. Si por alguna razón no es posible, no te sientas culpable. El bebé tiene que

engordar. Así que puedes elegir tetinas que requieran un poquito más de esfuerzo al succionar, para que esos músculos sigan trabajando.

3. El azúcar, un invitado ocasional: Sé que a veces es difícil resistirse a darles un capricho, pero intentemos que el azúcar sea un invitado muy especial y no el protagonista de su dieta, especialmente en los primeros años. Recuerda que estamos educando su paladar, y un inicio con poco azúcar es un gran favor que les hacemos para el futuro. ¡Hay muchísimas otras formas de endulzar sus vidas con amor y juegos!

4. Limpieza suave, gran impacto: Cuando aparezca el primer diente, ¡es hora de empezar a cepillar! Utiliza un cepillo de dientes suave para bebés y una cantidad muy pequeña de pasta dental con flúor (del tamaño de un grano de arroz). Hazlo con suavidad, como un juego, para que se vayan acostumbrando.

5. La importancia de masticar: A medida que crecen y empiezan con la alimentación complementaria, no le tengas miedo a los trocitos. Masticar ayuda a desarrollar la mandíbula y a que los dientes se coloquen correctamente. ¡Anímalos a explorar diferentes texturas y sabores!

6. Visitas tempranas al odontopediatra: Un amigo, no un enemigo: No esperemos a que haya un problema para ir al dentista. Una visita temprana ayuda a que el niño se familiarice con el entorno y a que podamos detectar cualquier cosita a tiempo. El odontopediatra es un aliado en este camino.

7. Sé un ejemplo a seguir: Los niños aprenden mucho de lo que ven. Si te ven cepillarte los dientes con regularidad, es más probable que ellos también lo hagan. ¡Hagamos del cepillado un momento familiar y divertido!

8. Paciencia y persistencia: Crear buenos hábitos lleva tiempo. Habrá días más fáciles y otros más difíciles. No te desanimes y sigue intentándolo con cariño y constancia. ¡Verás cómo poco a poco se convierte en una rutina!

Recuerden, padres, que están haciendo un trabajo maravilloso. Cuidar la salud bucal de sus hijos desde pequeños es un acto de amor que les regalará sonrisas sanas y felices para toda la vida. Y no duden en buscar el consejo de profesionales si tienen alguna duda. ¡Estamos aquí para ayudarles!